XXᵉ CONGRÈS ANNUEL

DE LA

SOCIÉTÉ D'ÉCONOMIE SOCIALE ET DES UNIONS DE LA PAIX SOCIALE

Sous la présidence de M. PIOU, député

SUR

LA CONDITION DE LA FEMME

R. SALEILLES

LA

CONDITION JURIDIQUE DE LA FEMME

DANS LE NOUVEAU CODE CIVIL ALLEMAND

Extrait de *LA RÉFORME SOCIALE*

(16 NOVEMBRE 1901)

PARIS

AU SECRÉTARIAT DE LA SOCIÉTÉ D'ÉCONOMIE SOCIALE

54, RUE DE SEINE, 54

1901

LA REFORME SOCIALE

REVUE BI-MENSUELLE FONDÉE PAR F. LE PLAY EN 1881

Avec la collaboration de MM. PAUL ALLARD — J. ANGOT DES ROTOURS — F. AUBURTIN — ALBERT BABEAU — PAUL BAUGAS — H. BEAUNE — BÉRENGER — A. BÉCHAUX — G. BLONDEL — BOGISIC — BOYENVAL — V. BRANTS — J. CAZAJEUX — E. CHEYSSON — DES CILLEULS — A. DELAIRE — CH DEJACE — ARTHUR DESJARDINS — PAUL DESJARDINS — ERNEST DUBOIS — E. DUTHOIT — ETCHEVERRY — G. FAGNIEZ — FOURNIER DE FLAIX — FRANÇOIS ET PAUL ESCARD — FUNCK-BRENTANO — A. GIGOT — GLASSON — LOUIS GUIBERT — GRUNER — URBAIN GUÉRIN — HUBERT-VALLEROUX — J. IMBART DE LA TOUR — HENRI JOLY — ARMAND JULIN — CLÉMENT JUGLAR — LAGASSE — RENÉ LAVOLLÉE — LÉON LEFÉBURE — ALBERT LE PLAY — ANATOLE LEROY-BEAULIEU — PAUL LEROY-BEAULIEU — E. LEVASSEUR — RAPHAEL-GEORGES LÉVY — PAUL DELOYNES — DE LUÇAY — DU MAROUSSEM — A. MOREAU — G PICOT — O. PYFFEROEN — A. RAFFALOVICH — J. RAMBAUD — LOUIS RIVIERE — EUGÈNE ROSTAND — SANTANGELO SPOTO — RENÉ STOURM — VICTOR TURQUAN — MAURICE VANLAER — WELCHE — ETC., ETC.

La Réforme sociale étudie les problèmes économiques et sociaux qui tiennent aujourd'hui le premier rang dans les préoccupations de l'opinion publique. Elle en demande la solution à l'observation des faits et à la pratique des lois morales, selon la méthode de F. Le Play, en dehors de tout esprit de parti et de toute théorie préconçue. Elle préconise tout un ensemble de réformes dont le cours des événements démontre de plus en plus l'urgente nécessité, et auxquelles se rallient chaque jour les esprits les plus éminents. Grâce à la sympathie grandissante que lui a témoignée le public éclairé, elle a pu, en commençant sa 3° série, prendre des développements considérables.

La Réforme sociale paraît le 1er et le 16 de chaque mois par fascicule in 8° de 80 pages, et forme par an deux forts volumes de 900 à 1000 pages chacun, complétés par des tables analytiques.

Une bibliographie méthodique analyse, au point de vue social, tous les recueils périodiques importants de la France et de l'étranger, ainsi que les publications nouvelles. Par cette innovation *la Réforme sociale* est devenue le guide le plus utile pour ceux que leur profession ou leurs études obligent à être rapidement et sûrement renseignés sur le mouvement social contemporain.

Conditions d'abonnement. — France : un an, **20** fr. ; six mois, **11** fr. — Union postale : un an, **25** fr. ; six mois, **14** fr. — En dehors de l'Union postale, port en plus.

Les membres des Unions de la Paix sociale reçoivent la *Réforme sociale* au prix réduit de **15** fr. (v. la notice sur les Unions).

Bureaux : Rue de Seine, 54.

LES OUVRIERS DES DEUX MONDES

TROISIÈME SÉRIE — Tome Ier. — Prix : 15 francs.

Dernières monographies parues : *Ouvrier de la Papeterie coopérative d'Angoulême ; Fermiers du Forez ; Armurier de Liège ; Fileur du Val-des-Bois ; Métayers de la Romagne ; Mineurs et agriculteurs du Pas-de-Calais ; Serrurier de Paris ; Piqueur de la mine aux mineurs ; Petit fonctionnaire de Pnom-Penh ; Coolie du Cambodge ; Métayer du Bas-Limousin ; Fermier normand de Jersey ; Papeteries du Limousin ; Aveugle accordeur de Pianos, Pêcheur de l'Ile de Chusan (Chine),* etc.

Des fascicules supplémentaires sont consacrés à des monographies d'ateliers manufacturiers ou agricoles.

Il paraît un fascicule tous les trois mois. Prix : **2** fr. En souscription : **1** fr. **50.**

LA CONDITION JURIDIQUE DE LA FEMME

DANS LE NOUVEAU CODE CIVIL ALLEMAND (1)

La préparation du nouveau Code civil allemand avait suscité, il
faut le reconnaître, de très grandes espérances du côté du parti
qui pouvait s'intituler le parti féministe. L'occasion était belle, en
effet, pour donner satisfaction, dans la mesure où elles étaient
justifiées, aux revendications qui, depuis longtemps déjà, s'étaient
fait jour en faveur des droits de la femme. Aussi, une certaine
agitation n'avait pas manqué de se produire dans les milieux où
ces questions provoquaient un intérêt et des sympathies particu-
lières. Un très grand nombre de brochures avaient été publiées à
ce sujet; d'importantes pétitions surtout avaient été signées et, en
fin de compte, adressées au Reichstag.

Il est donc intéressant de voir quelle position le nouveau Code
civil a prise en face de ce mouvement féministe, d'examiner, avec
la plus grande impartialité, dans quelle mesure il a cru devoir
donner satisfaction aux revendications qui se manifestaient un peu
partout, et d'indiquer enfin dans quelle proportion exactement on
peut le considérer comme s'étant dégagé des idées traditionna-
listes qui avaient prévalu jusque-là, pour ouvrir, en quelque sorte,
comme une ère nouvelle, en ce qui touche la constitution juridique
et sociale de la famille.

Ce sont ces différents points que je voudrais passer en revue,
dans un exposé qui sera forcément très rapide et, par suite, très
incomplet. Et peut-être devrons-nous conclure, lorsque nous au-
rons mis en relief les idées principales et analysé quelques-unes
des conceptions dominantes, que, si la nouvelle législation allemande a quelque peu amélioré, à un point de vue au moins théorique, la situation de la femme dans le domaine du droit privé, il
s'en faut encore que ce soit dans le nouveau Code civil de l'Empire
d'Allemagne que l'on doive chercher la charte fondamentale des
droits de la femme, au sens à coup sûr où l'entendent les promo-
teurs du mouvement féministe.

---

(1) Communication présentée le 6 juin 1901 au XX⁰ Congrès de la Société
d'économie sociale.

Ce rapide exposé comprendra forcément trois parties d'importance, il est vrai, très inégale.

Car la femme, dans le domaine du droit privé, doit être envisagée tout d'abord, indépendamment du mariage, comme fille, puis en second lieu en tant que femme mariée, et enfin dans ses droits et devoirs de mère ; donc comme femme à l'état individuel, comme épouse, et comme mère.

I

La femme, en tant que femme, est mise, dans le nouveau Code civil allemand, sur le même pied que l'homme. Le principe qui devra désormais dominer la législation allemande est celui de l'égalité des sexes (1). La femme n'a donc à subir, à raison de son sexe, aucune incapacité spéciale. Telle est d'ailleurs, en théorie tout au moins, la conception de notre droit français, puisque la seule incapacité de caractère général qui frappe la femme lui vient du mariage, alors qu'en dehors du mariage la femme française reste l'égale de l'homme sur le terrain du droit privé. Une seule incapacité spéciale continuait, dans la plupart des législations, à peser sur la femme ; elle était relative à la tutelle. La femme, sauf exception pour la mère, ne pouvait être nommée tutrice, de même qu'elle ne pouvait faire partie d'un conseil de famille. Le nouveau Code civil allemand efface cette double incapacité ; il permet seulement à la femme de refuser la tutelle, sans autre justification (art. 1786).

Ce principe d'égalité se retrouve également en matière de fiançailles et de mariage. Les fiançailles du Côde allemand ne constituent pas un contrat de caractère juridique sanctionné par une action judiciaire. Aucun des deux fiancés ne peut exiger le mariage. Chacun peut toujours se retirer ; toute clause pénale stipulée par avance serait nulle. Cependant la rupture, lorsqu'elle émane de l'un seulement des deux fiancés, et qu'elle est injustifiée, peu donner lieu à certains chefs de réparation, au moins pour le dommage pécuniaire causé à l'autre.

Il n'y a réparation du dommage moral que dans un cas spécial, et encore uniquement au profit de la fiancée. C'est lorsque celle-ci,

____

(1) Cf. Motive, I, p. 26.

sur la foi d'une promesse de mariage, a permis la cohabitation anticipée ; et encore faut-il qu'il s'agisse, comme dit l'article 1300, d'une fiancée de mœurs irréprochables. Dans ce cas, elle peut demander indemnité pour le préjudice moral que la rupture va lui causer.

Cette exception, toute en faveur de la femme, concorde, du reste, avec les dispositions prises en matière de délits, lorsqu'il s'agit de protéger l'honneur de la femme. L'article 825 prévoit le cas de séduction, le fait d'obtenir d'une femme, en la trompant ou en abusant d'elle, qu'elle permette la cohabitation ; c'est l'une des hypothèses où le Code civil allemand admet le droit à réparation et par suite la responsabilité délictuelle, en dehors de tout dommage matériel de caractère pécuniaire. Il était parfaitement logique d'étendre ce principe de réparation au cas où ce fait de séduction se serait produit entre fiancés, et à supposer que la rupture intervînt après coup, et de la part du fiancé seulement.

Si maintenant nous passons au mariage et aux conditions qu'il comporte, nous constaterons tout d'abord un avantage au profit de la fille dans l'obligation imposée au père de lui fournir un trousseau (art. 1670).

Et, de même, pour ce qui est de l'âge requis pour le mariage, le Code civil allemand, suivant en cela l'exemple de la plupart des législations, abaisse pour la femme l'époque de la nubilité. La femme peut se marier dès l'âge de seize ans ; l'homme n'est majeur pour le mariage qu'à partir de l'époque où la déclaration de majorité, ce qui correspond à notre émancipation, est permise, c'est-à-dire à partir de dix-huit ans (art. 1303 et art. 3).

Mais l'homme, comme la femme, sont soumis, en principe tout au moins, aux mêmes règles en ce qui touche le consentement des parents. Ce consentement n'est nécessaire que pour l'enfant qui se marie avant sa vingt et unième année. Jusque-là, il est indispensable, mais avec cette atténuation cependant que, s'il s'agit d'un enfant déclaré majeur, celui-ci, au cas de refus des parents, peut recourir devant le tribunal des tutelles. Et l'autorisation donnée par cette juridiction tutélaire, si cette dernière trouve le refus injustifié, supplée le consentement des parents. Ce recours n'est donc jamais permis à la fille pendant la période de nubilité anticipée dont elle jouit, puisque cette période va de seize à dix-huit ans, époque où la déclaration de majorité n'est pas admise. En tant qu'il s'agit, en effet, d'un enfant mineur, et non déclaré majeur, les parents peuvent toujours refuser leur consentement sans recours possible devant aucune juridiction (art. 1305 et 1308) (1).

Sur tous ces points, par conséquent, nous ne trouvons aucune infériorité au regard de la femme. Mais il faut convenir que ce n'est pas en ces matières, et en ce qui touche le droit de conclure un mariage, que les difficultés se présentaient. Tant que la femme n'est pas encore engagée dans les liens du mariage, et qu'elle est libre, toutes les législations admettent facilement aujourd'hui que, sur le terrain du droit privé, il n'y a plus de tutelle à imposer aux femmes, que la capacité de celles-ci est la même que celle de l'homme et qu'aucune infériorité juridique ne saurait plus désormais se faire accepter ni se justifier.

Mais il n'en est plus de même de la femme mariée, engagée par conséquent dans les liens d'une société dont les membres se réduisent à deux, et où il est à peu près indispensable qu'il y ait un chef, surtout lorsque, de ces deux membres, l'un est censé représenter la force et l'aptitude en affaires, tandis que l'autre, c'est-à-dire la femme, semble bien avoir été destinée, par la nature elle-même, surtout aux fonctions domestiques.

C'est donc en ce qui concerne la situation de la femme dans le mariage, que toute l'agitation féministe s'était principalement produite et que l'on avait rompu des lances.

Voyons, dans une seconde partie, comment cette situation a été réglée par le nouveau code.

C'est la grosse et importante question du sujet : les droits de l'épouse.

II

En ce qui touche la situation de la femme dans le mariage, on peut se placer à trois points de vue très distincts : celui des devoirs et obligations réciproques des époux ; en second lieu le point de vue des décisions à prendre dans tout ce qui concerne les affaires communes du ménage ; et enfin celui du régime des biens entre époux. Ces trois catégories de rapports juridiques ont été envisagées et traitées avec soin par les auteurs du Code civil allemand.

(1) Sur tous ces points, voir Hermann Jastrow, *Das Recht der Frau nach dem B. G. B.* ch. v, p. 11 suiv., et Planck, *Bürgerliches Gesetzbuch*, § 1305 et § 1308 (t. III, p. 22 et p. 25).

Et tout d'abord, sur le premier point, et relativement aux devoirs que se doivent mutuellement les époux, nous pouvons affirmer et proclamer, cette fois, une parfaite réciprocité et une complète égalité de droits entre l'homme et la femme. Plus un mot qui rappelle l'état de sujétion de cette dernière, et qui laisse subsister l'idée d'une puissance maritale encore en vigueur.

Le seul texte qui ait trait à cette matière se réfère uniquement à la communauté de vie qui doit exister entre époux, et dont on fait un devoir égal, pour l'un comme pour l'autre. La femme abandonnée a le droit d'exiger le rétablissement de la vie commune, aussi bien que le mari, lorsque la femme refuse de le suivre, peut imposer à cette dernière la cohabitation. Il faut ajouter, en outre, et c'est un point sur lequel il pourra être bon de revenir, que, pour l'un comme pour l'autre, si le fait d'exiger le rétablissement de la vie commune constitue, pour celui qui l'exige, un abus de son droit, sa demande ne devra pas être admise. Mais, en dehors de ce devoir de cohabitation, le nouveau Code passe sous silence toutes les obligations réciproques, tel que le devoir de fidélité et le devoir d'assistance, qui sont inhérents à la définition même du mariage, et que, par cela même, il a paru inutile d'insérer dans un texte de loi.

Il va de soi, par conséquent, que ce silence du nouveau Code allemand ne peut se référer qu'aux devoirs et obligations qui existent à l'état de réciprocité parfaite entre les époux. Il serait inadmissible que l'on eût voulu consacrer, par voie de simple prétérition, tout rapport juridique qui ferait à l'un des époux, vis-à-vis de l'autre, une situation inférieure et subordonnée. Cette remarque était importante à faire parce que, nulle part, la loi ne parle du devoir d'obéissance qui incomberait à la femme.

On a pensé qu'il suffirait d'indiquer sur quels points, et dans quel ordre de matières, la femme devrait s'incliner devant la décision prépondérante du mari. Ce point de vue est, d'ailleurs, tout nouveau, et essentiellement différent. Il touche à la question de savoir comment sera organisé, dans la société conjugale, le pouvoir de décision relativement à tout ce qui intéresse la vie commune.

Il s'agira, à ce point de vue, très distinct du premier, de répartir les rôles et les fonctions entre associés. D'aucune façon, il ne peut plus être question de constituer la femme en état d'infériorité, sous une puissance qui la domine et sous laquelle elle doive plier.

Si donc il n'est plus question de puissance maritale, il ne peut plus y avoir lieu à aucune incapacité dérivant du mariage, et venant frapper la femme, en tant que femme mariée.

Cette incapacité de la femme mariée, qui, prise à ce point de vue et dans sa généralité, est l'une des institutions de notre Code civil français qui aient le plus vieilli, et qui demanderaient les réformes les plus urgentes, a disparu totalement du nouveau droit allemand.

La femme peut donc librement s'engager et contracter. Sans doute, en ce qui concerne l'exécution de ses engagements, il y aura lieu de tenir compte des dispositions, très variées, qui puissent régir la situation patrimoniale du ménage, d'après le régime sous lequel les époux seront mariés. Mais, cette question à part, l'engagement de la femme est parfaitement valable.

La seule restriction apportée à la capacité de la femme mariée concerne les engagements par lesquels elle s'oblige à une prestation personnelle. L'art. 1358 suppose que la femme se soit obligée envers un tiers à une prestation qu'elle doive exécuter en personne.

Et il faut reconnaître que cette définition comprend toutes les professions qui mettent en jeu l'activité personnelle de la femme, non seulement celles qui consistent en un louage de services, et qui se référeraient à l'état de domesticité, non seulement encore celles concernant le travail industriel, mais tout aussi bien toutes les professions libérales. On a voulu viser, sans doute, et avant tout, l'ouvrière et l'actrice, mais aussi la femme écrivain, artiste, peintre, avocat ou médecin. Le point de vue qui a guidé les auteurs du Code civil ne paraît pas se trouver dans cette préoccupation, si souvent invoquée, qu'il s'agirait là de professions susceptibles d'engager la dignité personnelle de celui, ou de celle, qui les exerce, mais dans l'idée, beaucoup plus exacte, que toute profession de ce genre éloigne la femme de ses fonctions domestiques et que, par suite, le mari, qui est le chef du ménage, doit être appelé à consentir (1). Il est important de remarquer, à ce point de vue, que les professions commerciales ne rentreraient pas, en général tout au moins, sous la définition de l'art. 1358, à l'exception, bien entendu, de certaines agences qui exigent un service personnel de

_____

(1) Cf. Planck, *Bürgerliches Gesetzbuch* sur l'art. 1358, t. III, p. 88-89. Cosack, *Lehrbuch der deutschen bürgerlichen Rechts*, t. II, p. 428.

celui qui les tient (1). Ce qui ne veut pas dire que la femme pourrait toujours librement faire le commerce sans que le mari pût y mettre d'opposition. Mais ce droit d'opposition, à supposer qu'il existe, appartiendra au mari en vertu d'un tout autre principe, et non sur le fondement de l'art. 1358.

Reste à voir quelle va être la sanction de cette sorte d'incapacité spéciale, d'après laquelle la femme ne peut pas, sans autorisation préalable, prendre aucun engagement qui exige d'elle un fait personnel. Or, sur ce point, le système qui a fini par prévaloir est très différent de celui qui avait été tout d'abord proposé.

Le premier projet déclarait que tout engagement de ce genre, contracté sans l'autorisation du mari, était annulable de la part de celui-ci ; le mari seul avait droit de l'annuler. Cette annulation, d'ailleurs, n'avait pas d'effets dans le passé ; elle n'avait effet que pour l'avenir. Cela revenait à dire que le mari pouvait rompre à son gré l'engagement pris par sa femme, sans qu'il eût donné son consentement (art. 1277 du premier projet).

Le second projet avait déjà fortement remanié toute cette con ception. Tout d'abord, au lieu de parler d'annulation, il restituait au droit du mari son véritable nom : il s'agissait d'une rupture du contrat, d'une sorte de congé donné par le mari. C'est l'expression qu'adopte le nouveau texte ; mais, surtout, et c'est en cela qu'il modifie profondément le système initial, il permet à la femme, au cas de refus d'autorisation de la part du mari, de recourir devant la juridiction tutélaire, laquelle, si le refus du mari est injustifié, autorisera à sa place (art. 1258 second projet).

Mais la commission du Reichstag a renversé et comme transposé les termes de la solution. Ce n'est plus la femme qui ait à recourir devant la juridiction tutélaire pour écarter le refus du mari ; c'est ce dernier qui aura à prendre les devants, et à demander au tribunal des tutelles l'autorisation de rompre l'engagement contracté sans son consentement. Le mari ne peut exercer son droit de résiliation qu'avec l'autorisation de justice.

Bien entendu, la justice peut être appelée à intervenir, non seulement après coup, lorsque le mari veut rompre le contrat, mais au moment même de l'engagement, si le mari refuse son consentement ou qu'il soit absent ou dans l'impossibilité de le donner. La femme peut s'adresser au tribunal des tutelles et obtenir l'autori-

(1) Cf. Staub, *Kommentar zum Handelsgesetzbuch.* I, p. 37, An. 99.

sation de justice. Dans ce cas, le mari n'a plus aucun droit de résiliation (art. 1358).

Et ce qui prouve bien enfin qu'il s'agit là uniquement d'une décision qui se réfère au devoir de cohabitation et aux fonctions domestiques de l'épouse, c'est que le mari perd son droit de résiliation, toutes les fois que la femme se trouve autorisée à ne pas reprendre la vie commune (1).

On a fait remarquer, toutefois, que la sanction de l'article 1358 restera assez imparfaite, toutes les fois que la femme ne se prêtera pas à la rupture qu'on lui impose. S'il s'agit d'une cantatrice, par exemple, qui continue à exécuter son engagement, d'accord avec le directeur envers lequel elle s'est obligée, quels moyens d'exécution le mari pourra-t-il mettre en œuvre ? Sans doute, il invoquerait, devant la juridiction contentieuse cette fois, le droit qui lui appartient d'obliger sa femme à reprendre la vie commune ; mais cette prétention suppose que celle-ci exerce sa profession dans une résidence autre que celle où se trouve fixé le domicile conjugal. Si elle continue à habiter avec son mari , et qu'elle vaque à sa profession, sans d'ailleurs négliger ses devoirs domestiques, quelle action le mari pourra-t-il donc exercer ? Il ne peut être question, on l'a vu, de refus d'obéissance. Il faudrait donc transformer la révolte de la femme en une injure grave, autorisant le divorce. On peut se demander si les tribunaux se prêteraient facilement à cette interprétation (2).

Il est facile de supposer que cette disposition fut, sans contredit, l'une de celles qui aient été le plus vivement attaquées dans les camps féministes. Mais de ce côté, d'ailleurs, ce n'est pas seulement ce droit d'autorisation du mari au cas d'engagement personnel de la femme que l'on eût voulu faire disparaître du nouveau Code ; on demandait l'abrogation également du texte relatif au devoir réciproque de cohabitation. On pouvait, en effet, prévoir que ce serait surtout contre la femme que cette disposition serait invoquée ; elle visait tous les cas de séparation amiable, ou d'abandon du domicile conjugal, pour lesquels les époux préféreraient ne pas intenter une demande en divorce. Pourquoi, disait-on, là où l'affection réciproque n'existe plus, exiger un rétablissement de la vie commune qui doive constituer une existence de misère pour les deux

<hr>

(1) Sur tous ces points, Hachenburg, *Das Bürgerliche Gesetzbuch für das deutsche Reich (Vorträge)*, p. 379 suiv.
(2) Cf. Hachenburg, *loc. cit.*, p. 380.

époux ? Au moins demandait-on que la demande en rétablissement
de la vie commune fût écartée, non seulement, comme l'admet le
texte définitif, lorsqu'elle constitue un véritable abus de droit,
mais également lorsqu'elle se heurte à des raisons sérieuses et légi-
times, existant en dehors de tout abus de droit à proprement parler.
Tous ces amendements furent écartés, comme incompatibles avec la
conception juridique du mariage.

Nous arrivons ainsi au second point de vue qui ait été indiqué,
celui relatif à la répartition des rôles dans l'intérieur du ménage,
et relatif, par conséquent, à l'organisation d'un pouvoir de décision
en tout ce qui concerne les affaires de la vie domestique.

III

Le mariage constitue une société à deux ; il faut donc, à moins
de faire intervenir à perpétuité un tiers dans le ménage, c'est-à-
dire la justice, que l'un des deux associés ait le droit de décider
dans toutes les questions qui concernent la vie commune.

Conformément à toutes les traditions admises postérieurement aux
époques préhistoriques où l'on prétend que la famille serait restée
groupée autour de la mère, tous les différents projets relatifs au Code
civil allemand ont attribué au mari ce pouvoir de décision. Mais cette
disposition traditionnelle fut vivement attaquée par le parti féministe, soit devant la Commission du Reichstag, soit en séance plénière. On demandait, avant tout, de supprimer toute disposition se
référant à cet ordre d'idées. Dans le silence de la loi, chacun des
époux, sans doute, eût été sur le pied d'égalité ; mais chacun se
serait cru en droit d'imposer sa volonté. C'eût été risquer de créer
l'anarchie. Sans doute, il y aurait eu la possibilité de faire intervenir la juridiction tutélaire. Mais, vraiment, conçoit-on la justice
intervenant à tout propos dans toutes les querelles de ménage, ne
serait-ce que pour fixer l'heure des repas ou le choix d'un séjour
de vacances ?

A défaut d'une suppression pure et simple, le même groupe avait
proposé un amendement qui laissait le choix à celui qui supportait,
sur ses biens ou revenus personnels, la plus grande part des charges domestiques. Le chef du ménage eût été celui des deux époux qui
eût apporté en dot la plus grosse fortune, ou, sinon, celui dont les
gains fussent la ressource principale du ménage. C'eût été transformer le mariage en une association de caractère purement écono-

mique. Sans doute, les jeunes gens qui ne se marient que pour la dot qu'on leur apporte y auraient gagné ce résultat, peut-être assez juste, de voir l'autorité passer à celle qui aurait la charge des dépenses. Mais vraiment est-ce là désormais tout l'idéal que nous devrions nous faire de la famille et de l'association domestique? Et, d'autre part, à quelles complications de comptes et d'inventaires ne risquait-on pas de subordonner la moindre décision à prendre, si, pour savoir à qui donner le dernier mot, il eût fallu s'en remettre à une sorte de liquidation des fortunes et des ressources du ménage ? Toutes ces conditions parurent avec raison tout à fait inadmissibles; et l'amendement fut définitivement repoussé.

Peut-être contenait-il, dans sa dernière partie, une solution finale qui aurait pu être prise en considération : c'était celle relative au choix de la résidence. C'est, en effet, l'une des questions pratiquement les plus importantes qui puissent intervenir dans un ménage. L'amendement qui avait été présenté devant la Commission du Reichstag, voulait donner le choix à celui des deux époux dont la profession servît à faire vivre la famille. L'idée pouvait sembler juste.

Mais il faut ajouter que, pour les cas les plus urgents ou les plus graves, le texte actuel contient une réserve qui fournira une ressource suffisante. Car il est dit, dans l'article 1354, que la femme n'est pas tenue de se soumettre à la décision du mari, si cette dernière constitue ce que nous appellerions un abus de pouvoir, et ce que le Code civil allemand, lequel n'admet pas l'existence d'un pouvoir marital, désigne sous le nom d'abus de droit. Or, ne peut-on pas considérer, parfois, et sous certaines conditions, que le mari abuse de son droit, lorsque, si l'on suppose la femme faisant vivre le ménage par une profession lucrative, le mari voudrait lui imposer une résidence susceptible de nuire à ses intérêts professionnels?

C'est en effet, pour en terminer sur ce point, l'atténuation importante qu'apporte le Code civil à ce pouvoir de décision du mari : c'est que, toutes les fois que la décision qu'il veuille imposer à la femme soit de nature à constituer un abus de droit, la femme peut se refuser à s'y soumettre ; et la justice devra alors lui donner raison. C'est donc la justice qui aura le dernier mot dans l'affaire et qui se trouvera investie d'un pouvoir souverain d'appréciation.

Mais ce qu'il faut bien remarquer, c'est qu'elle n'a pas le droit d'intervenir et de donner raison à la femme, par cela seul que la femme lui semblerait avoir raison. Elle n'a qualité pour autoriser la résistance de cette dernière que si le mari abuse de son droit. Et par abus du droit il faut entendre un procédé qui soit en opposition avec les mœurs et qui choque les usages (1).

Mais, d'autre part, ce qui prouve bien que ce droit de décision du mari ne constitue pas un pouvoir qui ait, en quoi que ce soit, les caractères de l'ancienne puissance maritale, et qu'il résulte uniquement d'une sorte de répartition des rôles, correspondant à la diversité des fonctions, c'est que, dans le cercle des affaires de ménage, celles qui touchent à l'entretien de la maison et aux dépenses courantes, le pouvoir n'appartient plus au mari : il passe à la femme.

C'est l'antique conception du droit allemand qui a toujours attribué à la femme, dans le département qui lui est propre, un véritable pouvoir dérivant du mariage, et indépendant de l'arbitraire marital : c'est ce que l'on appelait le pouvoir des clés, *die Schlusselgewalt !*

Et ce pouvoir de la femme conduit à deux séries de conséquences. Voici la première : d'après l'article 1356, la femme a le droit et le devoir de diriger le ménage commun. La loi lui en fait une obligation ; mais elle en fait également un droit propre que le mari ne peut pas lui retirer. Sans doute, lorsqu'il s'agit d'une décision à prendre dans une affaire particulière et que le mari, à propos de cette question spéciale, soit en désaccord avec la femme, c'est encore lui qui décidera, conformément au droit de décision que lui donne l'article 1354, et sous les réserves qu'il comporte. Mais le mari ne pourrait pas, par une décision générale, retirer à la femme la conduite du ménage. Car il s'agit d'une fonction propre, naturelle à la femme et dérivant du mariage. Cette fonction, en même temps qu'elle est un droit, constitue un devoir ; et ce devoir peut se traduire, suivant la situation des époux, par l'obligation pour la femme de se livrer à de véritables travaux manuels, ceux que comporte la tenue du ménage. Mais la loi va plus loin encore. Il arrive souvent, en effet, lorsqu'il s'agit de ménages appartenant aux classes laborieuses, que la femme doive prêter son concours à la profession du mari : il n'est pas d'usage qu'elle s'y refuse. La loi

(1) Cf. Hachenburg, *loc. cit.*, p. 71-72.

consacre ces usages. Comme la femme, d'après le nouveau Code
civil, n'est plus astreinte à un devoir général d'obéissance, il fallait
bien spécifier les cas dans lesquels cette obéissance s'imposerait.
La chose allait de soi pour ce qui est des travaux du ménage,
lorsque les époux, d'après leur situation, ne seraient pas en état d'y
pourvoir par un personnel salarié. Mais il importait aussi d'étendre cette obligation, suivant les usages et en tenant compte toujours et avant tout de la situation des époux, au concours que la
femme doit normalement apporter au travail professionnel du
mari.

Et c'est enfin sur cette obligation de la femme, tenue de ses
devoirs de ménagère et de maîtresse de maison, que l'on doit faire
reposer, dans la mesure où il subsiste, le droit d'intervention du
mari, en ce qui touche les entreprises et professions commerciales
exercées par la femme.

L'ancien Code de commerce (art. 7) exigeait l'autorisation du
mari pour que la femme pût exercer un commerce. Dans la revi-
sion qui a été opérée du Code de commerce, cette disposition a
disparu. On a entendu laisser la question sous l'application du
droit commun; or il est certain que la femme n'étant frappée d'aucune incapacité spéciale en vertu du mariage, elle doit pouvoir
devenir commerçante, sans qu'elle ait besoin d'autorisation spéciale. Sur le principe, tous les commentateurs sont d'accord.
Sans doute, il peut s'élever des questions très délicates, suivant
les régimes, sur le point de savoir sur quels biens les créanciers
pourront poursuivre les obligations contractées par la femme commerçante. Mais, ce point à part, le principe, en tant que principe
général, n'est guère douteux, sauf pour les entreprises commerciales qui exigeraient, de la part de la femme, un travail personnel
et qui tomberaient, comme on l'a vu, sous l'application de l'article 1358, dont il a déjà été question.

Il semble bien cependant que l'on ait proposé de considérer le
fait de la part de la femme d'entreprendre un commerce, comme
une de ces affaires touchant à la vie commune des époux, et pour
lesquelles l'article 1354 donne au mari le droit de décision. Le
mari pourrait donc encore s'opposer aux intentions de la femme;
et l'on reviendrait ainsi, par un autre détour, au droit d'autorisation qu'exigeait l'ancien Code de commerce. Il y aurait bien, cependant, une différence à signaler. C'est qu'il ne serait pas nécessaire,

comme jadis, d'une autorisation préalable, et que le mari jouirait
plutôt d'un droit d'opposition, destiné à être exercé après coup;
ce qui ferait que, si le mari est absent, ou qu'il se trouve dans
l'impossibilité de manifester une opposition utile et de la faire
trancher par la juridiction tutélaire, la femme aurait valablement
acquis la qualité de commerçante. Elle n'est pas atteinte dans sa
capacité (1).

Mais bien des doutes, cependant, pourraient s'élever au sujet
de cette interprétation, et qu'il suffira d'indiquer d'un mot, puisque ce n'est pas le lieu ici d'entrer dans les détails d'une controverse juridique. La difficulté viendrait de ce que ces affaires, au
sujet desquelles l'article 1354 donne le droit de décision au mari,
sont celles qui touchent à la vie commune du ménage et qu'il n'en
serait plus ainsi, lorsqu'il s'agit d'une décision qui ne concernât
que les affaires personnelles de la femme. C'est ainsi que le mari
n'a jamais à intervenir, dans l'administration des biens de la
femme, toutes les fois que, d'après le régime adopté, il s'agit de
ce que l'on appelle le patrimoine réservé, c'est-à-dire les biens
dont l'administration est réservée à la femme, la chose va de
soi. Mais il en serait de même des décisions n'ayant aucun
caractère patrimonial, et qui ne concerneraient que les intérêts
personnels de la femme. Aussi peut-on se demander en quoi le
fait qu'une femme serait commerçante, par exemple en qualité
d'associée, sans avoir à mettre personnellement la main aux
affaires, pourrait concerner la vie commune, étant donné d'autre
part qu'au point de vue des responsabilités pécuniaires le mari ne
court aucun risque?

Il y a bien, sans doute, une objection qui pourrait se présenter.
Ce serait dans tous les cas où la femme, sans avoir de fonctions
personnelles à remplir, fonctions susceptibles de tomber sous le
coup de l'article 1358, devrait consacrer au soin de ses affaires
commerciales un temps qui la détournerait de ses obligations
domestiques; et alors, dans ce cas, le mari pourrait invoquer
l'obligation qui incombe à la femme de se consacrer à son intérieur. Et comme il y a lieu, dans l'appréciation de cette obligation, de tenir compte de la situation sociale des époux, le mari,
lorsque les époux ont un rang ou un état de maison qui leur im-

(1) Cf. Planck, *loc. cit.* sur § 1356 II, p. 84; et Staub, *loc. cit.* p. 28 suiv.

posent certains devoirs de mondanité, peut considérer l'exercice d'une profession commerciale, quelque peu absorbante qu'elle soit, comme faisant obstacle aux charges domestiques de la femme.

Mais ces réserves faites et ces distinctions établies, la femme n'est frappée d'aucune incapacité spéciale, en ce qui touche le fait de devenir commerçante. Il ne peut y être mis obstacle que dans la mesure où l'exercice de son commerce l'empêcherait de remplir ses fonctions domestiques ou ses devoirs de maîtresse de maison ; dans cette dernière mesure, en effet, mais dans cette mesure seulement, il devient exact de dire que le fait d'entreprendre un commerce intéresse la vie commune des époux.

Le pouvoir attribué à la femme en corrélation avec ses fonctions domestiques conduit à une seconde conséquence, en dehors du droit relatif à la tenue du ménage ; cette seconde conséquence est le pouvoir accordé à la femme de représenter le mari, et par suite de l'engager personnellement, par toutes les dépenses qui rentrent dans le département spécial de la femme et qui concernent, par suite, l'entretien du ménage et l'entretien de la famille.

Ce droit de représentation et ces pouvoirs propres relatifs aux dépenses domestiques correspondent à ce que nous appelons en droit français la théorie du mandat domestique.

Mais cette conception, qui a été imaginée pour expliquer certaines solutions qui s'imposent, est elle-même très inexacte ; et la jurisprudence est loin d'en tirer toutes les conséquences qu'elle devrait comporter. Il s'en faut qu'elle s'en tienne purement et simplement, pour fixer les limites et l'étendue de ce prétendu mandat, aux intentions exactes du mari. Elle tient compte de ce qu'exigent les usages et la situation des époux, sans s'occuper des instructions arbitraires du mari. Même théorie en matière de révocation, expresse ou tacite. C'est reconnaître que la femme a, du fait même du mariage, un pouvoir propre, que le mari ne peut plus lui enlever à son gré et arbitrairement.

C'est ce pouvoir propre que consacre le Code civil allemand. Sans doute le mari peut restreindre ce pouvoir de représentation, ou même il peut, non pas le révoquer, car il s'agit d'un mandat légal et non d'un mandat conféré par le mari, mais l'enlever à la femme. L'article 1357 lui en donne le droit. Toutefois, la femme, à son tour, a un recours contre ces décisions, qui l'atteignent dans un droit qu'elle tient de la loi ; et la juridiction tutélaire, là encore, devra donner raison à la femme, lorsque le mari, en privant la femme de ses droits quant aux dépenses du ménage, ou en les restreignant outre mesure, aura commis par là-même un abus de droit.

Comme on le voit, c'est le tribunal des tutelles qui devient l'arbitre des époux dans tous les cas où il y a abus de la part du mari. Un des députés du Reichstag accusait le nouveau Code civil d'avoir fait du juge tutélaire une sorte de cadi, ou de juge de paix entre époux. C'était le seul moyen que l'on eût, en effet, de donner à la femme les garanties qu'elle réclamait.

Tous les droits qui viennent d'être exposés appartiennent à la femme en dehors de toute question de régime matrimonial et quel que soit le régime des biens entre époux.

Mais la question capitale allait être celle relative au régime qu'adopterait le nouveau Code civil, comme régime légal pour les époux qui se marient sans contrat.

Après avoir réalisé, dans une mesure déjà très élargie, l'indépendance personnelle de la femme mariée, il s'agissait de lui assurer l'indépendance pécuniaire. Et c'est le point qu'il reste à examiner.

IV

Vous comprenez bien que je ne puis présenter ici un exposé détaillé du régime matrimonial admis par le Code civil allemand comme régime légal, à défaut de contrat de mariage. Il y a là un régime des plus intéressants, mais bien compliqué, il faut le reconnaître, assez éloigné de nos habitudes françaises, et qui, à lui seul, demanderait, pour être compris, toute une longue et minutieuse analyse. Cette analyse sera faite de main de maître dans la traduction du Code civil allemand que prépare le Comité de législation étrangère ; je puis bien en parler de la sorte, puisque ce n'est pas moi qui suis chargé de cette partie spéciale de la traduction.

Je voudrais donc simplement esquisser ici quelques-unes des grandes lignes qui caractérisent le régime allemand ; afin de montrer en quoi il est, soit avantageux, soit défavorable à la femme.

Ce régime légal n'est pas, du reste, une invention du nouveau

Code civil. On peut dire qu'il repose sur le principe d'une séparation de biens absolue quant à la propriété. Chacun des époux garde ce qu'il a. De même ce régime est exclusif de toute constitution d'un patrimoine commun, celui-ci serait-il réduit aux acquêts. Ce que chacun des époux peut acquérir, non seulement sur ce qui lui appartient, mais par son travail, son industrie, ou ses économies, lui reste propre, au moins pour ce qui est de la propriété. Donc aucun partage des acquêts. C'est ce que nous appellerions dans notre droit français un régime exclusif de communauté. Mais, d'autre part, comme il faut bien que la femme participe aux charges de la vie commune, au lieu de fixer, comme dans le régime ordinaire de la séparation de biens, sa part contributive proportionnellement au montant de sa fortune, on attribue au mari, chargé de l'entretien du ménage, la jouissance, et par suite l'administration de la plus grande partie des biens de la femme, de tout ce qui forme ses apports. La femme a cependant certains biens qui échappent à cette mainmise du mari, et dont elle garde et la jouissance et l'administration : ce sont les biens réservés.

Bien entendu, quelques difficultés de détails peuvent se présenter sur le point de savoir quels biens compteront dans les apports et quels autres seront biens réservés.

Ce n'est pas sur ce point cependant que surgissent les véritables complications du régime. Elles se présentent, soit en ce qui touche les pouvoirs d'administration du mari, soit surtout en ce qui touche le passif et le règlement des dettes. Car vous comprenez bien que cette administration maritale ne constitue pas un pouvoir exclusif, allant jusqu'au droit de disposition. Pour tous les actes les plus importants, on réalise une véritable collaboration des époux, mari et femme agissant ensemble. De telle sorte que l'on désignait volontiers ce régime d'origine germanique du nom de communauté d'administration.

Comme les époux n'avaient rien de commun en propriété, on réalisait la communauté en matière d'administration. Seulement, c'est une communauté qui s'exerce aux dépens de la femme, puisqu'elle n'existe que par rapport à ses propres biens et que, d'autre part, les revenus et les gains qui peuvent en provenir sont exclusivement réservés au mari.

Aussi préférait-on quelquefois le nom d'union des biens, ce qui laissait encore fort mal apercevoir la véritable situation pécuniaire

des époux; car c'était bien sans doute l'union des biens de la
femme, mis dans la main du mari, mais sans que la femme eût à
profiter et retirer le moindre bénéfice de cette unité de patrimoine, créée pour le mari et dont lui seul avait la jouissance.

Il est donc beaucoup plus exact de désigner ce régime matrimonial comme un régime d'administration et de jouissance du mari :
c'est le nom technique que le Code civil finit par adopter.

Mais avant de s'entendre sur le nom, il fallait déjà faire choix
du régime légal; et vous savez quelle est l'importance pratique de
la question. Car le régime légal est destiné à régir la situation
patrimoniale de tous les ménages qui n'ont pas fait de contrat de
mariage, c'est-à-dire de tous les gens sans fortune.

Or, il n'est pas rare que des ménages qui débutent sans patrimoine personnel, et qui exploitent une industrie, arrivent à la
fortune. Cette fortune, quelquefois même cette très grosse fortune,
sera soumise au régime légal.

Il est vrai que le nouveau Code allemand a mis de côté, et avec
raison du reste, le vieux principe de l'immutabilité des conven-
tions matrimoniales; et que, par suite, au cours du mariage, les
époux qui voient leur fortune s'augmenter peuvent fort bien
stipuler un régime conventionnel, pourvu qu'ils se soumettent aux
conditions de forme et de publicité exigées par la loi. Ils pourraient
donc, à ce moment, adopter la communauté d'acquêts, afin, préci-
sément, si c'est du chef du mari que proviennent les gains du
ménage, que la femme, plus tard, puisse en retirer sa part. Mais
cette stipulation exige le consentement du mari; et celui-ci peut le
refuser. Il faut donc, lorsque l'on parle du droit commun d'un pays,
s'en tenir au régime légal. Ce sera celui de la majorité.

Sur ce point, bien entendu, et en ce qui touche le choix du régime, tout le parti féministe réclamait, à peu près unanimement,
la séparation de biens, ce que l'on désigne plus volontiers aujour-
d'hui sous le nom de régime paraphernal : seul régime, dit-on,
qui réserve à la femme son indépendance, et qui laisse l'union patrimoniale s'établir entre les époux par l'action libre du contrat, au
moyen d'un mandat exprès ou tacite de la part de la femme, mandat toujours révocable, au lieu du mandat légal qui exige toujours
plus ou moins l'intervention du juge, pour en régler l'exercice, ou
pour le faire cesser.

Encore aujourd'hui, en Suisse, où l'on prépare la confection d'un

Code civil unitaire, nous sommes témoins d'un mouvement analogue de la part des associations féministes. L'avant-projet, préparé par un professeur éminent de l'Université de Berne, Mr Huber, propose, comme régime légal, un système d'union et de communauté d'administration, très voisin du système allemand. Et de tous côtés, déjà, l'on réclame, du côté des femmes et au nom des femmes, un régime pur et simple de séparation, sauf à fixer la part contributoire de la femme aux charges du ménage (1).

Il semblerait vraiment que les organes qui parlent au nom des femmes prévoient l'époque où ce sera la femme qùi fera vivre le ménage et qui, par son son industrie, lui vaudra les plus riches bénéfices.

Du côté des socialistes, en tant qu'il s'agit du socialisme masculin, on ne partage pas, sans doute, les mêmes illusions. On continue à croire que, d'ici à quelque temps du moins, ce sera encore le mari qui, neuf fois sur dix, fera fortune dans le ménage ; et les socialistes, soit dans leurs écrits, soit dans la discussion en séance du Reichstag, n'ont pas été sans se préoccuper de la situation faite à la femme, entrée en ménage sans un sou vaillant, et n'ayant, à la mort du mari, à retirer de l'association conjugale que la misère, et quelquefois la misère noire, alors que le mari aura gagné, sinon des richesses, mais peut-être une belle aisance, et que la mère, devenue veuve, sera à la merci de ses enfants.

C'est ce que le parti féministe appelle pour la femme conquérir l'indépendance.

Il semblerait donc, en présence de ces résultats, que le choix des différentes commissions chargées de la préparation des projets aurait dû se porter sur la communauté d'acquêts, le régime vraiment idéal, qui laisse à chacun ce qu'il apporte en propre et ce qu'il acquiert par succession, tout en faisant bénéficier la femme des gains du mari.

Comment n'a t'on pas vu, disait déjà Menger et d'autres après lui (2), que, dans les petits ménages qui exploitent un petit commerce ou une modeste industrie, la femme travaille presque

----

(1) Cf. *Journal de Genève*, n° du 30 mai et n° du 1er juin 1901 : « *A propos du futur Code civil* ».

(2) Anton Menger, *Das Bürgerliche Recht und die Besitzlosen Volksklassen*, p. 47-48. Pour la discussion au Reichstag, voir, d'abord, les amendements devant la Commission du Reichstag (*Bericht der Reichstags-Kommission*, p. 132 et suiv.), et ensuite les discours prononcés en séance plénière (*Reichstag-Berathnng*, p. 202 et suiv.)

autant que le mari? Et, en tous cas; n'est-ce pas le travail domestique de la femme qui permet au mari de ne s'occuper que de ses
affaires et d'augmenter ses gains? Est-il juste que, de toute cette
collaboration, directe ou indirecte, il ne revienne rien à la femme?

Et que dire surtout en présence du régime allemand qui donne
au mari, sans qu'il ait de compte à rendre, la jouissance de tous
les apports de la femme, alors qne ce sont peut-être les revenus de
ces apports qui l'ont aidé à faire fortune? Et de tout cela la femme
n'aura rien à retirer! N'est-ce pas profondément injuste?

L'un des reproches que l'on a paru faire à la communauté d'acquêts témoigne vraiment d'une rigidité de principes juridiques
qui n'est plus de notre âge. On désirait, avant tout, réserver à la
femme l'administration et la jouissance de ses gains personnels et
des produits de son travail; et il a semblé que cette sorte de para-
phernalité n'était possible que sous un régime de séparation de
biens, un régime tout au moins qui réservât à chacun la propriété
de ses apports. Rien de plus facile alors, a-t-on dit, que de faire
rentrer les gains de la femme parmi les biens réservés, ceux dont
elle garde, non seulement la propriété, mais la jouissance et l'administration. Dans une société d'acquêts, là où le propre du régime
est le partage des gains et profits faits par chaque époux, comment
réserver à la femme les produits de son travail, alors qu'on la met
de moitié dans les bénéfices du mari? Cette objection a paru si
convaincante, que, dans les différents régimes de communauté
prévus par le Code civil allemand, bien qu'on accepte, même sous
ces régimes de communauté, que la femme, en dehors de ses
propres, ait des biens réservés, échappant à l'administration du
mari, on ne fait plus rentrer parmi ces biens réservés les gains et
salaires de la femme.

Pour que la femme allemande puisse garder pour elle les produits de son travail personnel, il faudra qu'elle accepte le régime
légal. Si elle se marie sous la communauté, elle aura droit aux
gains du mari, elle y aura droit pour moitié. Mais, en revanche,
elle perdra l'attribution exclusive de ses biens à elle. C'est un
choix à faire : ou garder ce qu'elle gagne, et n'avoir rien à pré-
tendre sur les bénéfices provenant du travail du mari; ou, sinon,
mettre tout en commun, profits, gains et salaires, de quelque côté
qu'ils viennent.

On n'a pas réfléchi que l'on peut très bien accepter, et la réciprocité des situations l'exige, que les salaires de la femme tombent dans la communauté, comme les gains du mari, tout en réservant à la femme le droit de toucher ses salaires et de les employer et administrer, sans que le mari ait le droit de se les faire remettre en mains propres.

Cette conception cadre admirablement, cependant, avec ce pouvoir propre que le droit allemand a été le premier à reconnaître à la femme en matière d'administration domestique. Si la femme a un pouvoir qui lui appartienne, et une fonction qui lui soit dévolue, en ce qui concerne l'entretien du ménage et les dépenses qui se trouvent y correspondre, n'y a-t-il pas une affectation de droit qui frappe les biens qu'elle gagne et qui les destine, avant tous les autres, et sans qu'elle ait rien à réclamer du mari, à ces dépenses domestiques qui rentrent dans son budget personnel? S'il en est ainsi, ces gains et salaires de la femme constituent, non pas un patrimoine séparé qui soit en dehors de la communauté, mais une petite portion de la communauté, mise par la loi à la disposition exclusive de la femme, pour être affectée aux dépenses dont elle a la charge. Et cela est si vrai que, si la femme fait des économies et qu'elle fasse des placements sur ses gains personnels, à la dissolution de la communauté ces petites réserves de la femme feront encore partie du patrimoine commun, en principe tout au moins. Il y a égalité de situation entre les époux ; tous deux ont un droit égal aux bénéfices du travail de l'autre. Mais chacun reste libre de toucher et d'administrer à sa guise ce qui provient de son industrie personnelle.

Voilà ce qu'exige la justice, et il n'y a pas de principe doctrinaire ou de logique juridique qui puisse imposer le contraire.

Comment pareille objection (1) a-t-elle pu être faite à l'admissibilité de la communauté d'acquêts? Qu'on la présente à l'encontre de ceux d'entre nous, en France, qui prétendraient, dans l'état actuel de nos lois, vouloir orienter dans ce sens l'évolution de notre jurisprudence, rien ne serait plus légitime ; et, lorsque nous affichons cette prétention, car je suis de ceux qui ont cette

---

(1) C'est à raison de cette même objection que l'on explique en droit français que la controverse, en ce qui concerne la réserve au profit de la femme de ses gains et salaires, ait pu s'élever sous le régime exclusif de communauté, tandis que personne, ou à peu près, ne paraît croire que la question puisse même se poser sous la communauté. C'est qu'il s'agit d'interpréter des textes qui existent. Mais quand, au lieu de cela, il s'agit de créer le texte, comment comprendre que l'objection se pose encore ?

hardiesse, je comprends qu'on nous reproche d'aller contre la loi, ou tout au moins de mal interpréter la loi, de l'interpréter à l'allemande, si j'ose ainsi parler. Car c'est en m'appuyant, pour ne parler que de mes tâtonnements personnels, sur cette *Schlusselgewalt* du droit allemand, dont la jurisprudence française commence à consacrer l'idée, que j'ai cru, parfois, être en droit de soutenir que la résultante forcée de l'évolution jurisprudentielle, à laquelle nous assistons, sera de réserver à la femme des crédits personnels pour faire face aux dépenses qui lui incombent. Et, ces crédits, elle-même se les ouvre, lorsqu'elle travaille et qu'elle gagne de quoi contribuer à l'entretien du ménage.

Quoi qu'il en soit, sur le terrain de l'interprétation l'objection reste puissante et l'opposition sera difficile à ébranler.

Mais sur le terrain législatif, alors qu'il s'agissait de créer de toutes pièces et que l'on taillait dans le vif, quel singulier état d'esprit que de se laisser arrêter par de pareilles misères ! Et cela dans le pays de ce grand et puissant génie, qui fut von Ihering, et qui passa la fin de sa vie à lutter contre l'esprit logique, pour n'assigner au droit qu'un but utilitaire et pratique !

Enfin, les Allemands, quelques-uns tout au moins, sont déjà les premiers à reconnaître, pour revenir au régime légal de jouissance et d'administration du mari, que cette exclusion de communauté créera dans les petits ménages, et surtout dans les ménages où règnent l'union et l'entente, et il faut bien espérer que ce seront pendant longtemps encore les plus nombreux, des complications infinies.

Ce qui arrivera le plus souvent, en effet, là où les deux époux travailleront et gagneront chacun de leur côté, c'est qu'ils auront une bourse commune, et c'est sur cette bourse commune qu'ils prendront pour les dépenses du ménage. Si l'on suppose alors le mariage venant à se dissoudre brusquement, par un décès par exemple, comment faire le compte, sur l'argent trouvé dans le ménage, de ce qui revient à la femme comme provenant d'elle ? Comment en faire la preuve, et quelle présomption admettre ?

Mais autre complication bien autrement délicate : les dépenses de ménage qui ont été payées sur cette bourse commune auront été payées en partie avec de l'argent provenant des gains de la femme ; et cependant, sous le régime légal allemand, ces gains et salaires sont biens réservés, ne rentrant pas sous le droit de jouissance du mari, donc ne devant pas servir à solder des dépenses qui incombent au mari, et c'est le cas des dépenses de ménage. Ces gains de la femme, biens réservés, auront servi à payer des dépenses qu'ils ne devaient pas supporter; comment en faire la preuve, et comment établir le compte de ce qui est dû à la femme, à titre de récompense, comme nous dirions en droit français?

Mais, d'autre part, concevez-vous rien de plus contraire au but du mariage que d'admettre que ces gains de la femme, biens réservés, ne devront supporter aucune part des dépenses communes? Je veux bien que ce soit une réserve d'avenir pour la femme, aux jours de crise, ou à la dissolution du mariage, puisqu'elle n'aura rien à retirer des gains du mari.

Mais que l'on suppose, ce qui sera le cas ordinaire dans les ménages pauvres, que la femme n'ait rien apporté en se mariant. Le mari qui, seul, doit supporter les dépenses communes, n'aura rien à attendre des apports de la femme, puisque celle-ci n'a pas d'apports. La femme n'a que ses gains personnels avec lesquels elle pourrait fournir sa part contributoire aux dépenses communes; or, ce sont biens réservés, on n'a pas le droit d'y toucher.

Je sais bien que l'article 1371 admet, lorsqu'il n'y a pas d'apports, que l'on puisse imposer à la femme, comme au cas de séparation de biens, de fournir sur ses biens réservés sa part contributoire aux dépenses. Mais c'est alors une nouvelle complication à faire intervenir, puisqu'il faudra recourir à la justice.

Comme il serait plus simple et plus juste de consacrer en droit ce qui sera, le plus souvent, l'état de fait, la mise en commun des gains réciproques, avec droit au partage quant à la propriété, sauf à laisser à la femme, tant qu'elle n'en abuse pas, la libre administration et la jouissance propre de ses gains personnels!

Quoi qu'il en soit, ces raisons n'ont pas prévalu. La femme, sous le régime allemand, n'a plus à espérer aucune part dans les gains du mari. Mais, en revanche, le mari prend en main tous les apports de la femme: il en jouit et il les administre. Et il faut bien noter que ces apports comprennent non seulement ce que la femme apporte en dot au jour du mariage, mais ce qui lui échoit dans l'avenir par voie de succession.

Il est vrai que, si tel est le principe, cette solution peut être écartée par une réserve contraire. La femme, en se mariant, peut se réserver tels ou tels de ses apports, de même que, si elle acquiert des dons et legs, le donateur ou le testateur peut classer les biens parmi les biens réservés. Cette réserve est possible même relativement aux biens qui adviennent à la femme par succession ab intestat ; le défunt, sans rien changer à la vocation héréditaire de la femme, peut déclarer que les biens qu'elle recueillera dans sa succession, à lui, quand elle s'ouvrira, seront biens réservés (art. 1369).

D'autre part, il y a d'autres biens que la loi classe d'office, et à raison de leur nature ou de leur origine, parmi ces biens réservés : ce sont tous les effets et objets personnels à la femme et entre autres ses instruments de travail, et ce sont les gains et salaires (art. 1366 et 1367).

Toute cette part réservée échappe donc à l'administration du mari ; la femme en a seule la jouissance.

Quant aux apports, et pour ce qui est des droits d'administration et des pouvoirs du mari, il y aurait, sur ce point, beaucoup de petites questions de détail, fort importantes en pratique, mais qui sont tout à fait négligeables au point de vue des principes.

La règle capitale à mettre en relief, c'est que le mari ne peut pas obliger sa femme par un acte qu'il passerait lui-même, encore qu'il s'agirait d'acte relatif aux biens de la femme, de même qu'il ne peut faire aucun acte de disposition sans le consentement de la femme (art. 1375), et cette dernière solution s'applique non seulement aux apports immobiliers, mais tout aussi bien aux valeurs mobilières comprises parmi les apports. Il n'y a d'exception que pour les choses de consommation faisant partie des apports. Le mari peut en disposer librement.

On aurait pu croire qu'en vertu de son droit de jouissance, il en eût acquis la propriété elle-même, comme c'est le cas de l'usufruitier. Il semble bien que, sur ce point, les règles de l'usufruit ne s'appliquent plus et que la femme garde la propriété même de ses apports mobiliers consistant en objets de consommation, sauf le droit pour le mari d'en disposer librement (1).

Il y a, d'ailleurs, un texte spécial, l'article 1376, qui énumère certains actes d'administration permis au mari. Il semble bien, à le lire, que les pouvoirs du mari relativement, par exemple, aux créances de la femme soient assez restreints. Évidemment, il ne peut pas en disposer par voie de cession, c'est bien certain,

____

(1) Hachenburg, *loc. cit.*, p. 388.

puisque le mari ne peut faire seul aucun acte de disposition. Mais on aurait pu croire qu'il aurait pu les toucher seul ; les projets antérieurs le disaient formellement, au moins lorsqu'il s'agissait de créances non productives d'intérêts. La commission du Reichstag a supprimé cette allusion au recouvrement des créances de la femme. Il faudra donc en conclure que ce droit n'appartient plus au mari (1). Et cependant, le mari peut agir en justice pour poursuivre le recouvrement des créances de la femme (art. 1380). D'autre part, un usufruitier pourrait toucher le remboursement des créances sur lesquelles porte son usufruit (art. 1075-1079).

En dépit de ces analogies, lorsqu'une créance de la femme viendra à échéance, et qu'il s'agira d'en toucher le paiement, si peu importante que soit la somme à recouvrer, et sans qu'il y ait désormais à distinguer entre les créances portant intérêts et les autres, il faudra que la femme donne son consentement (2).

Il me resterait encore à vous dire quelques mots du passif et de la responsabilité des différents patrimoines du ménage, quant aux dettes contractées par les époux. Mais c'est une matière que je ne veux pas aborder, même de loin, tellement tous les détails en seraient compliqués.

Je me contenterai de mettre en relief les quelques points suivants. Toutes les fois que le mari contracte, il n'engage que lui, et il n'engage que ses biens. Il n'a pas qualité pour obliger la femme ; il ne peut même pas obliger les apports de la femme. Sans doute, les créanciers du mari peuvent saisir les revenus provenant des apports de la femme ; mais ils les saisissent en tant qu'ils font partie des biens du mari, puisque celui-ci a sur les apports un véritable droit de jouissance.

A l'inverse, ces mêmes apports, sans qu'il y ait à prendre en considération la jouissance du mari, répondent des dettes de la femme, et l'on sait que la femme n'est pas incapable de contracter. Voilà qui, à l'apparence, semble bien compromettant pour les droits du mari ; son droit de jouissance ne sera plus qu'un vain mot, si la femme peut le menacer librement par ses propres engagements. Mais que l'on se rassure ! Ce principe a tout juste, ou à peu près, la valeur d'un principe. Car il ne s'applique intégralement qu'aux dettes de la femme antérieures au mariage, ou encore, pour celles

_____

(1) Planck sur § 1376, p. 119, et *Bericht der Reichstag Commission*, p. 137.
(2) Hachenburg, *loc. cit.*, p. 385 et suiv.

qui sont nées postérieurement, aux dettes résultant d'un délit ou d'une obligation légale.

Pour toutes celles dérivant d'un acte juridique et, en particulier, d'un contrat, il faut, pour qu'elles puissent être poursuivies sur les apports, que la femme se soit engagée du consentement du mari.

Et c'est à ce point de vue, et en ce qui concerne seulement l'étendue du droit des créanciers, qu'il importe de savoir si la femme a obtenu ou non l'autorisation du mari.

Pour que l'engagement soit valable, cette autorisation n'est pas nécessaire; mais elle le devient, pour que cet engagement puisse s'exécuter sur les apports mis aux mains du mari. Le mari, en donnant son consentement, engage les apports et les donne en garantie aux créanciers de la femme.

Mais ce consentement du mari ne va pas jusqu'à engager le mari lui-même et à l'engager personnellement.

A ce point de vue encore, il est important, si la femme est commerçante, de constater que le mari a autorisé son commerce ou son industrie. Le cas est prévu par un texte spécial, l'article 1405.

Ce sont là des points qui sont à peine esquissés. Toute prétention d'en dire davantage serait elle-même une preuve d'ignorance; car, là où il faut être complet pour être exact, toute analyse qui prendrait les allures d'un exposé détaillé, et qui ne serait qu'une étude de surface, ne ferait qu'induire en erreur par ses lacunes et ses insuffisances. Il faut avoir le courage de ses impossibilités.

Ajoutons enfin que la femme peut faire cesser l'administration et le droit de jouissance du mari et, par suite, requérir une véritable séparation de biens pure et simple, toutes les fois que ses apports sont en danger, ou que le mari néglige ses devoirs comme chef de ménage, ou encore lorsqu'il est absent ou interdit. L'article 1418 règle tous ces détails avec le plus grand soin (1).

---

(1) Je voudrais faire remarquer, pour conclure, que je reste très frappé de l'insistance des féministes à réclamer, comme régime légal, le régime de séparation de biens, malgré les désavantages qu'il comporte pour la femme et que j'ai signalés. Ne pourrait-on pas procéder par voie d'expérience facile à faire? Ce serait, on l'a proposé, de permettre aux époux, lors du mariage devant l'officier de l'état civil, de faire une déclaration portant qu'ils veulent être séparés de biens. Ce ne serait plus un contrat de mariage avec toutes les complications et formalités qu'il comporte. Ce serait une simple déclaration n'exigeant que le consentement des époux. Voilà qui serait à la portée même des plus pauvres. On verrait bien par là si la déclaration deviendrait d'un usage fréquent; et on laisserait ainsi les intéressés se faire juges des avantages qu'ils y trouveraient.

V

J'avais annoncé une dernière partie dans laquelle je traiterais des droits de la femme comme mère. Mais vraiment j'ai déjà beaucoup trop abusé de votre attention. Je ne vais donc vous dire sur ce point que quelques mots très brefs, et très insuffisants.

Tout d'abord je ne crois pas que le nouveau Code civil ait fait faire un grand pas à la question des droits de la femme sur ce point.

Sans doute, on a cru faire beaucoup en donnant une nouvelle dénomination, assurément moins exclusive, à ce que nous continuons à appeler la puissance paternelle. Le Code civil allemand l'appelle la puissance des parents (*Elterliche Gewalt*) (1). Mais, ce point acquis, il s'en faut qu'on ait donné à la mère aucune participation vraiment effective à cette autorité familiale, tant que le père est vivant. Le Code civil allemand ne dit même pas, comme le nôtre, dans son art. 372, que l'enfant est sous l'autorité à la fois du père et de la mère, sauf à ajouter immédiatement après que le père seul a l'exercice de cette autorité pendant le mariage. Il semble bien que le Code civil allemand n'ait pas fait cette distinction entre la jouissance et l'exercice du droit, et que, tant que le père exerce la puissance familiale, la mère, sauf sur certains points énumérés par la loi, n'entre dans aucun partage de droit avec lui. Elle n'acquiert cette autorité familiale que dans les cas où le père ne l'a plus. Je reconnais, d'ailleurs, que ce sont là des nuances qui ne touchent guère à la réalité des choses ; et, au surplus, toute cette conception, on va le voir, reste soumise à controverse.

Sur un point particulier, cependant, l'art. 1634 donne à la mère un droit important. On déclare qu'elle a, à côté du père et pendant la durée du mariage, le droit et le devoir de prendre soin de la personne de l'enfant. Ce qui a fait dire, contrairement à l'opinion que je viens d'exprimer, qu'elle a, en même temps que le père, et qu'elle partage avec lui la puissance paternelle (2). Je crois plus exact de dire qu'on ne lui a donné, du vivant du père, que certains droits partiels. Mais ce point, après tout, importe assez peu. Il est presque purement théorique.

D'ailleurs, ce droit relatif à la personne de l'enfant, et qui s'étend

(1) Cf. Jastrow. *Das Recht der Frau*, p. 96-97.
(2) Cf. Planck, sur § 1634-5, p. 391.

à un assez grand nombre de conséquences énumérées à l'art. 1621, principalement en matière d'éducation, ne résiste pas à une divergence de conceptions entre le père et la mère. Au cas de conflit, le père l'emporte sans aucun recours possible contre lui, et, par suite, sans qu'il ait à donner ses raisons. On aurait pu croire, étant donné ce droit que l'art. 1634 accorde expressément à la mère comme un droit propre qui lui appartienne, que la mère pourrait soumettre la question au tribunal tutélaire. L'art. 1634 ne le lui permet pas.

Ce droit de recours devant la juridiction familiale n'existe que dans un cas, lorsque la conduite du père constitue un véritable danger pour l'enfant, soit au point de vue de sa santé, soit au point de vue de sa moralité, ou d'une façon générale, de ses intérêts intellectuels ou moraux (art. 1666). Il faudrait cependant conclure de la conception de l'art. 1634, qui fait de ce devoir maternel un véritable droit pour la mère, que, si le père non seulement était en conflit avec elle sur un point particulier, mais qu'il voulût lui retirer entièrement le soin de la personne de l'enfant, la mère pourrait plaider l'abus de droit et porter plainte devant le tribunal des tutelles; et celui-ci devrait faire respecter le droit de la mère, si la décision du père ne lui paraissait pas justifiée. Il faudrait cette fois que celui-ci donnât ses raisons (1).

De sorte que, en réalité, la puissance familiale n'appartient réellement à la mère que dans les cas où le père n'est plus là pour l'exercer ou encore lorsqu'il est déchu de ses droits, ou qu'il y a simplement suspension de la puissance du père.

Mais un point très important à signaler, et qui pourrait bien laisser croire, contrairement à ce que j'ai avancé, que le Code civil aurait, comme le nôtre, accordé cumulativement, même pendant le mariage, la puissance familiale à la fois à la mère et au père, c'est que, si le père est empêché d'exercer ses droits, parce qu'il est malade, par exemple, et incapable de s'occuper de l'enfant, l'exercice de l'autorité familiale appartient de droit à la mère, sans qu'elle ait à se faire investir de cette autorité par le tribunal des tutelles (art. 1685).

Cependant, si cette impossibilité se prolonge, le tribunal doit intervenir, et il admettra, dans ce cas, qu'il y a, non pas déchéance, mais suspension des droits du père. Ces droits passent à la mère,

(1) Cf. Planck, *loc. cit.*, p. 391.

moins le droit de jouissance sur les biens de l'enfant, ce que nous appellerions chez nous l'usufruit légal (art. 1677).

Enfin, lorsque cette autorité passe à la mère, le Code civil admet, au point de vue surtout de l'administration des biens de l'enfant, tout un système de garanties qui n'existait pas à l'égard du père.

VI

Voilà certes une revue bien rapide, et très insuffisante. Ces quelques indications suffiront du moins à montrer que l'on a mis une très grande bonne volonté, sans doute, à donner à la femme, sur le terrain juridique, des droits propres qui lui soient pleinement garantis. Mais toutes les fois que ces droits se heurtaient à la prédominance du mari, et cela même lorsqu'il s'agissait de l'intérêt commun des enfants, l'égalité de situation a été renversée pour faire prévaloir l'autorité décisive du chef.

Aurait-on pu faire plus dans l'état actuel des mœurs ? Si l'on veut accroître outre mesure l'égalité des droits dans le mariage, on en arrivera forcément à détendre le lien conjugal, déjà si peu solide ; et, de cette égalité foncière au divorce par consentement mutuel, on comprend logiquement qu'il n'y a qu'un pas. Le Code civil allemand n'a pas voulu franchir ce pas. On a senti facilement que, si l'on en arrivait à cette rupture de gré à gré, le mariage cesserait vite d'être le mariage, pour devenir l'association libre et provisoire de deux êtres qu'un moment d'affection plus ou moins durable aurait rapprochés, mais dont l'union ne résisterait guère aux difficultés de la vie, c'est-à-dire, après tout, aux grands devoirs de la vie : car les difficultés commencent là où le devoir apparaît. Ces idées, qui sont la base de la famille, le Code civil allemand les a considérées comme restant encore debout. Il n'a pas voulu les ébranler ; il a eu raison.

Une fois de plus, la femme se croira sacrifiée. Mais, une fois de plus aussi, la mère et l'épouse, celles qui ont vraiment en elles la conscience de leur dignité, sentiront que le sacrifice est léger auprès de la grandeur de leur rôle. Elles sentiront que, sur elles et en elles, reposent vraiment toutes les espérances d'un pays qui veut avoir des hommes, non seulement beaucoup d'hommes, mais des hommes élevés en hommes, dans la force des traditions solides et des vertus courageuses (1).

R. SALEILLES.

(1) V. ci-dessus, p. 91 (*Réf. soc.*, 1er juillet), la discussion qui a suivi ce mémoire.

LA CONDITION DE LA FEMME

Le XX⁰ Congrès annuel de l'Ecole de la paix sociale s'est tenu du 30 mai au 6 juin, à Paris, sous la présidence de M. JACQUES PIOU, député.

Les principaux sujets qui y ont été traités peuvent se grouper sous les rubriques suivantes :

I. — *Condition économique des femmes.* — Statistique du personnel féminin dans les grandes industries, par M. V. Turquan; Le Travail et les salaires des femmes dans l'agriculture française, par M. Souchon, professeur à la Faculté de droit de l'Université de Paris; Le Travail des femmes dans la grande industrie française, et spécialement dans la fabrique lilloise, par M. Maurice Vanlaer, professeur à la Faculté libre de droit de Lille; Le Travail des femmes en Belgique dans la grande et la petite industrie, par M. A. Julin, directeur au Ministère de l'industrie et du travail; Le Travail des femmes mariées dans la grande industrie allemande, d'après une enquête officielle, par M. E. Dubois, professeur à l'Université de Gand; les Syndicats professionnels de femmes, par M. E. Flornoy; La Mutualité, la femme et la famille, par M. E. Cheysson, de l'Institut, inspecteur général des Ponts et Chaussées; La Mutualité et les retraites pour femmes, par M. P. Berryer, avocat à la Cour d'appel de Liège; Les Ouvroirs de Paris, monographies, par M. Fleurquin, docteur en droit, avocat à la Cour d'appel de Douai; Le Travail des couvents et les Bons-Pasteurs de Paris, monographies, par M. H. Joly, doyen honoraire de Faculté, vice-président de la Société; Le Travail des femmes aux États-Unis, par M. Lepelletier, professeur à l'institut catholique de Paris; Le Travail des femmes en Bosnie-Herzégovine, par Mme Léra; Le Travail des domestiques femmes, par Mme Vincent, présidente de l'Égalité; Les Syndicats d'ouvrières à Lyon, par Mlle Rochebillard; Les Métiers de famille, par Mme Paule Vigneron; etc.

II. — *Condition morale des femmes.* — La Séduction et la recherche de la paternité par M. Albert Gigot, ancien préfet de police; Les Fiançailles et leur réglementation dans la loi civile, par M. F. Escard; Le Divorce et la femme, par M. Morizot-Thibault, substitut près le Tribunal de la Seine; La Détresse de l'ouvrière et les modes d'assistance, préventive et curative, par le docteur Bouloumié, les Patronages de jeunes filles, par M. Max Turmann, professeur au Collège libre des sciences sociales; l'Union internationale pour la protection de la jeune fille, par Mme la baronne de Montenach (de Fribourg); Les Œuvres féministes paroissiales dans une ville manufacturière, par M. le curé Cetty (de Mulhouse); Les Œuvres sociales féministes de Genève, par M. F. Necker, président de la Société chrétienne suisse d'Economie sociale; L'Habitation de la jeune fille dans les grandes villes, par M. Georges Picot, secrétaire perpétuel de l'Académie des sciences morales et politiques; La Femme et la lutte contre l'alcoolisme, par Mme Keelhof, secrétaire générale de l'Union des femmes belges contre l'alcoolisme, etc., etc.

III. — *Condition intellectuelle des femmes.* — L'École primaire et la co-éducation, par M. A. des Cilleuls, membre du Comité des travaux histo-riques et scientifiques; L'École mixte en Suisse, note de M. Crevoisier, docteur en médecine de l'Université de Berne; L'Enseignement secon-daire des jeunes filles, types d'écoles et programmes; L'Enseignement supérieur des jeunes filles, par M. A. de Margerie, doyen honoraire de la Faculté libre des lettres de Lille; L'Enseignement artistique des jeunes filles, par M. Mellerio; L'Enseignement professionnel et l'Ecole ménagère, par Mme la comtesse d'Oultremont (de Bruxelles); Monogra-phie d'une École ménagère de Roubaix, par Mme Eugène Mathon-Motte; Les Écoles professionnelles de la ville de Paris, par M. L. Duval-Arnould, vice-président du Conseil municipal; L'École professionnelle d'impri-merie de Mlles Pernot et Déchelette à Autun; L'Education sociale de la femme anglaise, par Mme Léra; L'Esprit et le but du féminisme en Suède, par Mme Ringertz, directrice du pavillon Suédois à l'Exposition de 1900; etc.. etc.

IV. — *Condition juridique des femmes.* — Le Contrat de mariage et le régime normal des biens à établir entre époux, par M. Thaller, profes-seur à la Faculté de droit de Paris; Les Limites à poser au pouvoir du mari dans l'administration des biens de la communauté, par M. Bois-tel, professeur à la Faculté de droit de Paris; La Femme et la fa-mille dans le droit slave, par M. Mateitch, docteur ès sciences politi-ques; La Situation juridique de la femme dans le nouveau Code alle-mand, par M. Saleilles, professeur à la Faculté de droit do Paris; Les Lois récentes de la Belgique pour la protection de la femme mariée, par M. Ch. Dejace, professeur à l'Université de Liège, membre du Conseil supérieur du Travail; L'Électorat politique des femmes, par M. Eug. Duthoit, professeur à la Faculté libre de droit de Lille; Le Vote muni-cipal des femmes, par M. L. Lallemand, correspondant de l'Institut; L'Élection des femmes aux Conseils de prud'hommes et aux Conseils de l'industrie et du travail, par M. E. van der Smissen, professeur à l'Uni-versité de Liège, président de la Société belge d'Économie sociale; La Femme chrétienne et le droit naturel, par M. R. de Cepeda, professeur à l'Université de Valence, etc., etc.

Un compte rendu analytique des Mémoires et des discussions du Congrès a été publié dans la Réforme sociale *du 1er juillet 1901 (144 p., prix 2 fr.)*

Le texte des Mémoires paraît successivement dans les livraisons de la Ré-forme sociale du second semestre 1901.

PARIS. — IMPRIMERIE F. LEVÉ, RUE CASSETTE, 17.